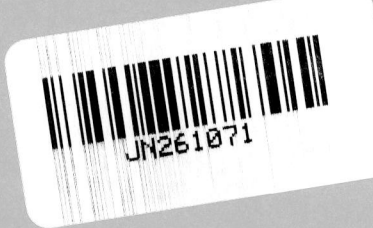

ごまでからだ美人

～肌と髪をリセットするデイリーレシピ～

ごまは小さいけれど力もち。若返りに有効なビタミンEをはじめ、赤血球の材料になる鉄分、疲労回復によいビタミンBのほか、カルシウム、マグネシウムなど、たくさんの栄養素を含んでいます。なかでもセサミンは活性酸素を除去し、肝機能を高め、動脈硬化予防にも効果がある、注目の栄養素です。

ごまは、日本や中国、韓国などアジアの国々を中心に、昔から薬効のある食べものとして親しまれてきました。ぜひいろいろな料理にごまをとり入れて、からだの中から美しくなりましょう。いつまでも若々しい毎日を送るために、このレシピ集がお役に立てばこんなに嬉しいことはありません。

江上佳奈美

巻頭コラム

オリジナルごまふりかけ　手づくりレシピ

とっておきの！特製ごまソース&たれ

野菜とごまでからだをきれいにする

ごまを上手に使って！かんたんレシピ

美しい肌と髪をつくるごまメニュー

ヘルシーでおいしい！手づくりごまおやつ

毎日スプーン2杯の ごまを食べましょう。

スプーン2杯(20g)のごまには、牛乳1本分のカルシウム、豆腐1/3丁分のたんぱく質、ほうれん草100g分の鉄分、生わかめ70g分の食物繊維が含まれます。また、ごまの植物性脂肪には悪玉コレステロールを減らす効果があり、良質なたんぱく質は血管をしなやかに保ち、からだと脳の疲労を回復。毎日食べてからだ美人になりましょう。

からだのサビをとる"ゴマリグナン"

誰しも年とともにおとずれる"老化"。その原因のひとつとして考えられているのが、体内でエネルギーをつくり出す際に生じる活性酸素の存在です。この活性酸素は体内に酸化をうながし、肌や髪の老化、生活習慣病などを引き起こします。そこで酸化を防ぐ成分として、βカロテン、ビタミンC・E、ポリフェノールなどとともに注目されているのが、ごまに含まれる"ゴマリグナン"です。最近よく話題になるセサミン、セサモリン、セサモールなどは、このゴマリグナンの一種で、とくにセサミンは強い抗酸化力があり、肝臓の機能を保護するほか、二日酔いや全身の老化を抑える働きがあります。またこれらの作用は、悪玉コレステロールの軽減や高血圧防止にも役立ち、まさにごまパワーの源です。

ごまの正しい煎り方・すり方

ごまの粒は小さいので、皮つきのままでは体内を素通りしてしまいます。ごまの吸収を高めるには、香ばしく煎った後、すり潰して使うのがおすすめです。お店でかんたんにすりごまやいりごまを手に入れられますが、たまにはゆっくり、ごまの香りを楽しみながら手づくりしてみては?

煎り方

ごまは加熱してはじめて香りが引き出されます。食べる直前に煎るとおいしさも格別。部屋中がごまのいい香りで満たされます。

Point

- ごまを煎る直前にかるく水にくぐらせる。
- 最初は低温で蒸すように、半分くらい煎った段階で高温にする。最初から高温で煎ると、すぐに表面が焦げ、旨味が引き出されません。
- 皮の部分が煎り上がり、香ばしい色になったら完成。

すり方

ごまのコクは油分とたんぱく質が溶け合ったときに生まれます。ですから、するときは、充分にごまの油分を引き出すことが大切。

Point

- すり鉢でごまを押し潰すようにする。
- すりたてのごまの香りは長続きしないので、料理の直前にすりましょう。
- すり鉢の目に残ったごまは竹製の刷毛や、なければ新しい歯ブラシなどを使うととりやすい。洗浄は亀の子たわしが便利です。

ごまの種類いろいろ

黒ごま、白ごま、金ごまは、品種のちがいにより表皮の色が異なるだけで、とくに成分に差はありません。油分の含有量は金、白、黒の順。日本では食習慣のちがいから、関東では黒ごま、関西では白ごまが中心です。金ごまはまだまだ認知度が低いようです。

黒ごま

中国、ベトナム、ミャンマー、タイなど、生産地は東南アジアに限られます。中国広東省・広州の南下地域は最高級の黒ごまの産地。

白ごま

中国、中南米、南米、アフリカのほか、世界各地で栽培されており、黒・白・金ごまの中では圧倒的に多く生産・消費されています。

金ごま

生産地はトルコと地中海沿岸地域。3種の中で一番大粒で、油分をもっとも多く含みます。

ごま油

油分の多い白ごまと金ごまからつくられます。食用油の中でもっとも酸化しにくく、長持ちするのが特徴です。揚げものの際は他の油と混ぜて使っても効果を発揮。インドでは古くからマッサージオイルとしても使われています。

ごまの保存法

すりごまは劣化しやすいので、冷蔵庫で保存しましょう。加工されていない生のごまは密閉容器に入れ、熱や湿気を避けて保存すると長持ちします。しばらく使わないごまは冷凍保存がおすすめです。

オリジナル
ごまふりかけ手づくりレシピ

ごまを毎日の
食卓にとり入れて、
お肌つやつやに。

左のふりかけ

材料

いりごま(黒)
ちりめんじゃこ
かつおぶし
…各大さじ1

つくり方

材料を合わせ、カッターにかける。
(好みで塩を加える。)

右のふりかけ

材料

いりごま(白)
わかめ
さくらえび
青のり
各大さじ1

つくり方

材料を合わせ、カッターにかける。
(好みで塩を加える。)

フライパンで炒めてつくるごまふりかけ

●大根の葉＋ちりめんじゃこ+ごま

1.ちりめんじゃこを煎り、皿にとる。
2.大根の葉をごま油でしんなりするまで炒め、1を足す。
3.しょうゆ、酒、みりん同量で味付けし、最後にごまをたっぷり入れてできあがり。

●白菜の漬物＋昆布＋しらす＋ごま

白菜の漬物のみじん切りを水けがなくなるまで煎り、刻んだ昆布、しらす、ごまを加える。

好きな材料で試してみましょう!

野菜スティックの ごまクリームチーズディップ添え

1人分94kcal

ごまクリームチーズディップ

材　料(4人分)

すりごま(白、金)…………大さじ2
クリームチーズ………………50g
牛乳……………………大さじ2〜3
塩・こしょう…………………少々

つ　く　り　方

1.クリームチーズは室温でやわらかくし、すりごまを混ぜる。

たっぷりごまを加えてよく混ぜる。クリームチーズが冷えている場合は電子レンジでかるく温めると早い。

2.野菜につけやすい程度に牛乳でのばし、塩・こしょうで味をととのえる。

野菜スティック

材　料(4人分)

きゅうり…………………………1本
セロリ……………………………1本
ジャンボピーマン(赤)…………1個

つ　く　り　方

それぞれ長さ5cmのスティック状に切って器に盛り、ごまクリームチーズディップを添える。

ごまでカルシウム補給

ごまは100g中1200mgものカルシウムを含み、骨を丈夫にするとともに、豊富なミネラルが肌をつやつやにし、白髪の予防にも役立ちます。

ごまとチーズでカルシウムばっちり。
ブロッコリー、カリフラワー、アスパラガスにも合う
ヘルシーなディップです。

牛のたたきにも合う
ごまソースでシミを予防。
プチトマトを添えて彩り美しく。

冷奴の黒ごまソース
レモン風味 1人分116kcal

レモン風味の黒ごまソース

材　料（4人分）

すりごま（黒）……………大さじ2
レモン汁………………大さじ3/4
しょうゆ…………………大さじ2
だし……………………大さじ1～2

つ く り 方

材料を合わせ、よく混ぜる。

時間のある時は食べる直前にすり鉢ですると、すりたてのごまの香りが楽しめます。

冷奴

材　料（4人分）

もめん豆腐（小）………………4丁
プチトマト……………………8個

つ く り 方

1.プチトマトは1/2に切る。

2.豆腐の上に1をのせ、黒ごまソースをかける。

悪玉コレステロールを減らす

セサミンは動脈硬化や高血圧など、生活習慣病の原因となるコレステロールの吸収・合成を抑えます。ビタミンEと合わせるとさらに効果大。

しゃぶしゃぶの特製ごまだれ 1人分544kcal

特製ごまだれ

材　料（4人分）

いりごま（白、金）…………大さじ8
しょうゆ……………………大さじ3
ごま油………………………大さじ1
酒……………………………大さじ2
砂糖…………………大さじ1 1/3
赤みそ………………………大さじ1
豆腐よう（または紅南乳）………5g

つ く り 方

材料を合わせ、
よく混ぜる。

沖縄原産の豆腐ようは豆腐を米麹、紅麹、泡盛を使って発酵、熟成させたもの。チーズのような味わいで、たれにコクをプラス。

しゃぶしゃぶ

材　料（4人分）

牛肉しゃぶしゃぶ用薄切り……300g
春菊…………………………150g
生椎茸…………………………50g
小ねぎ…………………………2本
しょうが………………………20g
鶏がらスープ……………8カップ

つ く り 方

1. 春菊、生椎茸、牛肉を皿に盛り、小ねぎの小口切り、おろししょうがとともに、ごまだれを添える。
2. 鶏がらスープを煮たたせ、肉、野菜の順でさっとスープに通していただく。

豆腐よう、みそ、ごま油をかくし味に。
キレイをつくる定番だれ。

前菜にぴったり。
外国人にも人気の
ちょっとおしゃれなメニュー。

ごまわさびソースが決め手のまぐろとアボカドのサラダ 1人分182kcal

ごまわさびソース

材　料（4人分）

すりごま（白、金）………大さじ2
しょうゆ…………………大さじ1
わさび……………………小さじ1
だし………………………小さじ2

つ く り 方

材料を合わせ、よく混ぜる。

まぐろとアボカドのサラダ

材　料（4人分）

まぐろ赤身…………………1さく
アボカド……………………1個
レモン汁……………………少々
小ねぎの小口切り……………1本

つ く り 方

1.まぐろの赤身は器に合わせてスライスする。
2.アボカドは半分に割ってスライスし、レモン汁をふりかける。
3.器に1と2を交互に重ねるように盛りつけ、ごまわさびソースをかけ、小ねぎの小口切りを散らす。

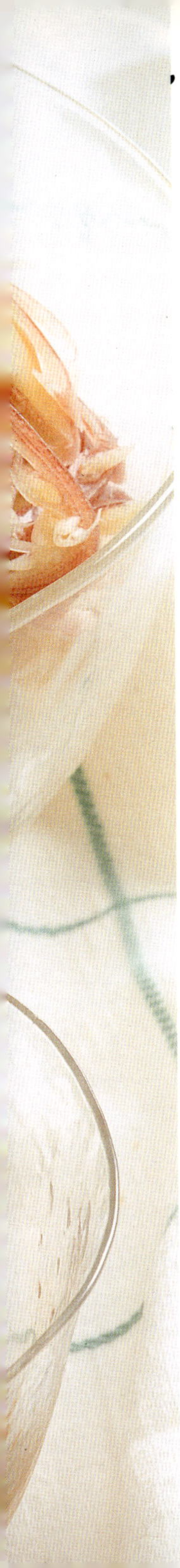

ごまだれそうめん 1人分243kcal

そうめん用ごまだれ

材　料（4人分）

めんつゆ……………………大さじ8
すりごま（白、金）…………大さじ2
唐辛子のみじん切り
（または七味唐辛子）…………少々

つくり方

材料を合わせる。

そうめん

材　料（4人分）

そうめん…………………………4束
みょうが…………………………2個
きゅうり…………………………1本
卵…………………………………1個
(a) ｛片栗粉…………小さじ1/2
　　 水……………………小さじ1
しそ………………………………2枚
ねぎ……………………………1/3本

つくり方

1.(a)の水溶き片栗粉と卵を合わせて、薄焼き卵を2枚焼き、千切りにする。
2.そうめんはたっぷりの熱湯でゆで、冷水にとる。
3.しそは千切りに、ねぎは小口切りにする。きゅうり、みょうがも千切りにする。
4.1、2、3を盛り合わせ、ごまだれを添える。

めんつゆにごまをプラス。
ピリ辛味で食欲が増します。

とんかつの黒ごまソース 1人分453kcal

黒ごまソース

材　料（4人分）

すりごま（黒）………………大さじ6

(a)
- 赤みそ………………大さじ3
- 酒……………………大さじ2
- みりん………………大さじ1
- 砂糖…………………小さじ1

つ く り 方

1.(a)を合わせ、小鍋に入れ、よくとろみをつけ、すぐ別の皿に移す。（余熱でボソッとさせないため。）

しゃもじで混ぜた線が残るくらい、
とろみがつくまでよく練る。

2.1にすりごまを加える。

とんかつ

材　料（4人分）

豚ロース肉（厚さ1cm）………4枚
塩・こしょう…………………少々
卵………………………………1個
小麦粉…………………………適宜
パン粉…………………………適宜
揚げ油

プチトマト……………………8個
キャベツ……………………200g

つ く り 方

1.豚肉はすじを切ってたたき、塩・こしょうをふる。

2.1に小麦粉、溶き卵、パン粉を順につけて揚げる。

3.キャベツ、プチトマトなどを添え、黒ごまソースをかける。

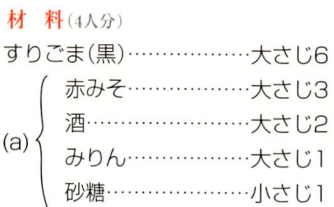

味の決め手はごまとみそ。
ヘルシーなとんかつをどうぞ。

基本の中華だれにはセサミンがたっぷり。
辛さはラー油の量で調節しましょう。

棒《バン》棒《バン》鶏《ジー》のピリ辛だれ 1人分207kcal

ピリ辛ごまだれ

材　料（4人分）

いりごま（白、金）………大さじ2
酢…………………………小さじ2
しょうゆ…………………大さじ2
ラー油……………………大さじ1
山椒（粉）………………大さじ1/3
ねぎのみじん切り……………40g
しょうが……………………10g

つ く り 方

材料を合わせ、よく混ぜる。

棒棒鶏

材　料（4人分）

鶏胸肉………………250g（1枚）
酒…………………………大さじ2
きゅうり……………………1本
トマト………………………1個

つ く り 方

1.鶏胸肉は酒をふりかけ、ラップしてレンジで加熱。中まで火が通ったら、冷まし、そぎ切りにする。

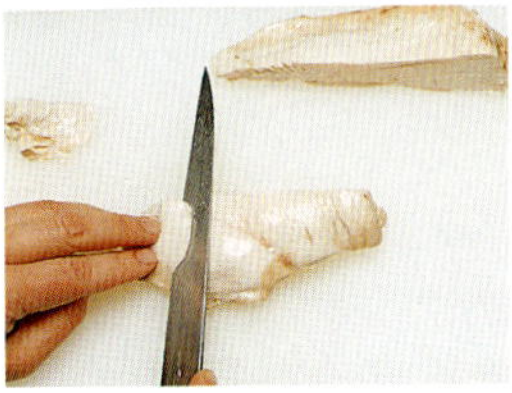

鶏胸肉は好みの厚さにそぎ切りにする。

2.きゅうりは千切りに、トマトは半月に切る。

3.1、2を皿に盛り、ごまだれをかける。

ゆで豚の
ごまマヨネーズソース 1人分231kcal

ごまマヨネーズソース

材　料（4人分）

すりごま（白、金）………大さじ4
マヨネーズ…………大さじ1,1/2
マスタード………………小さじ1
だし………………………大さじ2

つ　く　り　方

材料を合わせ、よく混ぜる。

ゆで豚

材　料（4人分）

豚肩ロース肉（固まり）……200g
ねぎの葉（緑の部分）…………1本分
しょうが………………………1かけ
ブロッコリースプラウト……適宜

つ　く　り　方

1.沸騰した湯にねぎの葉としょうがを加え、豚肩ロース肉をゆでる。

2.中まで火が通ったらそのままゆで汁につけて冷ます。

ゆで汁につけたまま冷ますとパサパサにならず、味もしみ込む。

3.豚肉を薄くスライスして器に並べ、ブロッコリースプラウトを添える。ごまマヨネーズソースをかけてできあがり。

ごまの香りで血液さらさら

ごまを煎るときの、いい香りに含まれるピラジン酸という成分には、血管の中で血液を固まりにくくする作用があるともいわれ、高血圧や動脈硬化の予防効果が期待されています。

ブロッコリーや
アスパラなど野菜にも合う、
応用範囲の広いソースです。

トースト ごまはちみつペースト

1人分205kcal

ごまはちみつペースト

材　料（4人分）

いりごま（黒）……………大さじ4
はちみつ………………………大さじ3

つ　く　り　方

いりごまをよくすり、はちみつでのばす。

よくすった黒ごまにはちみつを加え、ペースト状にしていく。はちみつの量は好みで調節して。

トースト

材　料（4人分）

食パン（6枚切り）………………4枚

つ　く　り　方

オーブンでこんがり焼き、ごまはちみつペーストを添える。

ごまの花はちみつ

ミツバチが何の花の蜜を集めたかで、はちみつは微妙に味や香りにちがいがあります。ごまの花から集めたはちみつは、濃いブラウンカラーで、くせがなく、マイルドな味わいです。

ヘルシーな朝食に最適。
つくりおきしたい美肌ペースト。

野菜とごまで
からだを
きれいにする

ほうれん草の
ごま和え 1人分51kcal

材　料（4人分）

ほうれん草…………………300g
塩……………………………少々
しょうゆ……………………少々

(a)
- すりごま（白、金）…大さじ2
- しょうゆ………小さじ1～2
- 砂糖………………小さじ2

つくり方

1.沸騰した湯に塩を少々加え、ほうれん草をゆで、水にとる。水気を絞って3～4cmの長さに切る。

2.ボウルに入れ、しょうゆ小さじ少々をふりかけてよく混ぜ、もう一度絞る。（しょうゆ洗い）

3.(a)を合わせる。

4.ほうれん草を3で和え、味をととのえる。

ゆでたほうれん草にしょうゆをふって絞ると、余分な水分が抜け、味がしっかりつく。（手順2）

ごま料理の定番。
季節の野菜で
応用してみましょう。

酢を加えたさっぱりごま和え。
野菜の甘味をごまが引き立てます。

キャベツのごま酢和え

1人分61kcal

材　料（4人分）

キャベツ……………………200g
酢…………………………大さじ1
(a)
- いりごま（白、金）…大さじ3
- 砂糖………………小さじ2
- 米酢……………大さじ1/2
- しょうゆ……小さじ1 1/2

つくり方

1. キャベツは芯をそぎ切りにして落とす。
2. 1をさっと熱湯に通し、水にとる。
3. よく絞り、食べやすく千切りにする。酢をふりかけて、再びよく絞る。
4. (a)で和える。

紫外線予防にごま

セサミンは、紫外線から皮膚を守る作用をもつトコトリエノールの分解を防ぐため、日焼けによる肌の傷みを抑えるといわれています。

根三つ葉のシャキシャキ感とごまの
コクがよく合い栄養バランスも抜群。
わけぎなどでも楽しめます。

根三つ葉のごまみそ和え 1人分105kcal

材　料(4人分)

根三つ葉……………………………………300g
塩…………………………………………………少々
しょうゆ………………………………………少々
すりごま(白、金)………………………大さじ2
和辛子……………………………………小さじ1
(a)
　やまぶきみそ(信州みそ)……………60g
　みりん…………………………………大さじ2
　酒………………………………………大さじ1
　砂糖……………………………………小さじ2

つ く り 方

1.沸騰した湯に塩を少々入れ、根三つ葉をゆでる。
2.ゆで上がったら水にとり、よく絞る。長さ3cmに切り、しょうゆ洗い(P26「ほうれん草のごま和え」参照)をする。
3.(a)を合わせ、すりごま･和辛子を加える。
4.根三つ葉を和える。

好みの量の和辛子を加え、味にアクセントを。

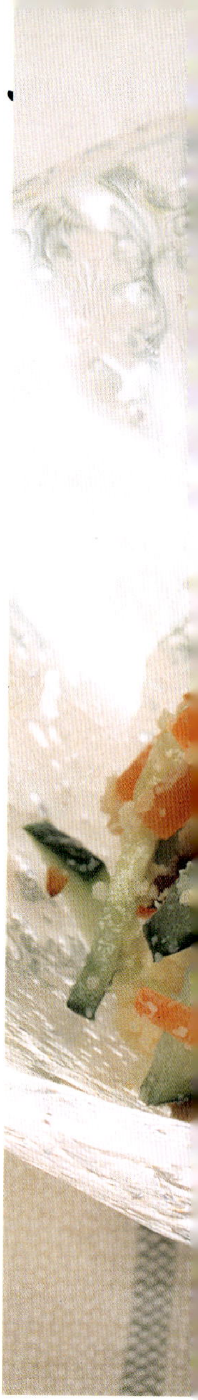

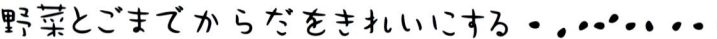

五目野菜
卯の花和え **1人分137kcal**

材　料（4人分）

おから	150g
すりごま（白、金）	大さじ2
卵	1個
塩	少々
ごま油	大さじ1
きゅうり	1/2本
にんじん	30g
ゆで筍	50g
干し椎茸	3g
(a) 塩	小さじ1/2
(a) 砂糖	大さじ1
(a) しょうゆ	小さじ1/4
紅しょうが	少々

ゴマスリのルーツ

ごまがすり鉢のまわりにつく様子から、しつこくくっついて離れない人のことをゴマスリと呼ぶようになったとか。

つ　く　り　方

1.テフロンの鍋にごま油を温めておからをそぼろ状に炒め、(a)を加える。

弱火で焦がさないように、おからがポロポロに乾燥するまで炒める。

2.味がいきわたったら溶き卵を入れて、さらにそぼろ状し、すりごまを加える。

3.きゅうり、にんじんは千切りにして塩を少々ふり、絞る。筍も千切りにする。

4.干し椎茸は水にもどして軸をとり、千切りにする。

5.1で2、3を和え、紅しょうがを添える。

千切り野菜をおからでふんわり和えた、
食物繊維たっぷりの一品です。

ワンランク上の和え物。
手間をかけた分、納得のおいしさです。

こんにゃく にんじんの白和え

1人分68kcal

材　料(4人分)

こんにゃく		1/2個
にんじん		60g
(a)	だし	1/2カップ
	塩	小さじ1/4
	薄口しょうゆ	大さじ1/2
	砂糖	小さじ1 1/3
(b)	豆腐	1/2丁
	いりごま(白、金)	大さじ1 1/2
	塩	小さじ1/2
	砂糖	大さじ1
	だし	大さじ3〜5
しょうゆ		少々

つ く り 方

1.こんにゃくは長さ3cmの千切りにし、水からゆでる。ゆで上がったら水にとり冷まし、ざるに上げる。

2.にんじんは長さ3cmの千切りにする。

3.(a)を合わせた中に、こんにゃくとにんじんを入れて煮て、薄味をつけ、ざるに上げて煮汁を切り、冷ましておく。

4.豆腐はざるに上げてしばらく水気を切る。さらに布巾で包んで、まな板2枚の間にはさみ、重しをする。

豆腐はさわってみて弾力が出るまで水分を抜く。

5.いりごまはすり鉢で完全にすり潰し、4の豆腐を入れてなめらかになるまですり混ぜる。

6.5に砂糖、塩を加え、すり混ぜ、冷やしただしを少しずつ加えながら、和えやすい濃さにとろりとのばす。

7.6を裏ごしした後、しょうゆをごく少量加えて風味を添える。

8.7の中に3を入れて和える。

蒸し茄子を冷やした
さっぱりダイエットメニュー。
ゆでてもおいしくつくれます。

茄子の冷製ピリ辛ごま和え

1人分105kcal

材　料（4人分）

茄子……………………………4〜5本
しょうゆ……………大さじ1 2/3
(a)
- すりごま(白、金) …大さじ1 1/2
- ねぎのみじん切り……大さじ1
- 赤唐辛子のみじん切り……小さじ1
- しょうゆ………大さじ1 1/2
- 酢…………………………小さじ2
- 砂糖………………………小さじ2

つ　く　り　方

1.茄子は縦に6つ割りにして、水につけてアク抜きする。

2.しょうゆをふりかけて、よく混ぜ、強火の蒸し器でやわらかくなるまで蒸す。

とり出して茄子がやわらかくなっていたら蒸し上がり。蒸し器のほうが水っぽくならず、おいしくできるが、なければゆでてもOK。

3.ざるにとり出して広げ、冷ましてから(a)で和える。

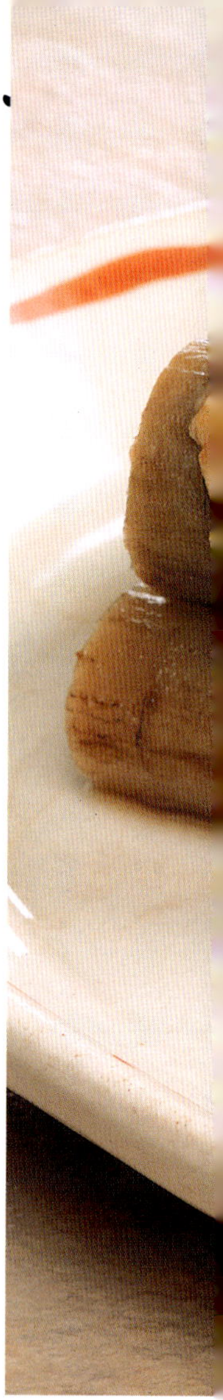

たたきごぼうの ごまとろろかけ 1人分73kcal

材　料(4人分)

ごぼう(細めのもの)…………200g

(a)
- だし…………………1カップ
- 砂糖…………………小さじ2
- 塩…………………小さじ1/2
- しょうゆ……………小さじ2

(b)
- すりごま(白、金)…大さじ1 1/2
- 砂糖………小さじ1～1 1/2
- しょうゆ……………小さじ1
- だし…………………小さじ1
- とろろ(すりおろしたもの)…大さじ2

つ く り 方

1.ごぼうは洗って包丁の背で皮をこそげる。

2.ぬか水でやわらかくゆで、水で洗う。

3.2のごぼうをすりこぎで軽くたたいてから、3～4cmの長さに切る。

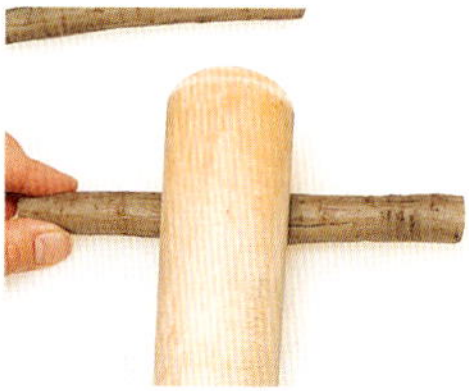

ごぼうをたたくとごぼうの繊維が潰れ、味がしみ込みやすくなる。

4.小鍋に(a)を合わせ、3を入れ、蓋をして弱火で10分くらい煮る。

5.(b)を合わせてたれをつくる。

6.4の汁を切って器に盛り、たれをかける。

ごまダイエット!

ごまに含まれるセサミンには脂質代謝促進作用があり、ダイエット効果が期待できます。また、ごまはわずか10gでからだに必要な油分を良質な植物油脂で補給できるのでダイエットメニューに最適。また肝機能も高めるので、倦怠感をおさえ、精神を安定させる働きもあり、まさにダイエットの救世主です。

ごぼうとごま、とろろの
ねばねばがベストマッチ。
食物繊維をたっぷりとって
お腹をキレイにしましょう。

春の香りを楽しめる一品。
ごまをたっぷりまぶしてお肌もリセット。

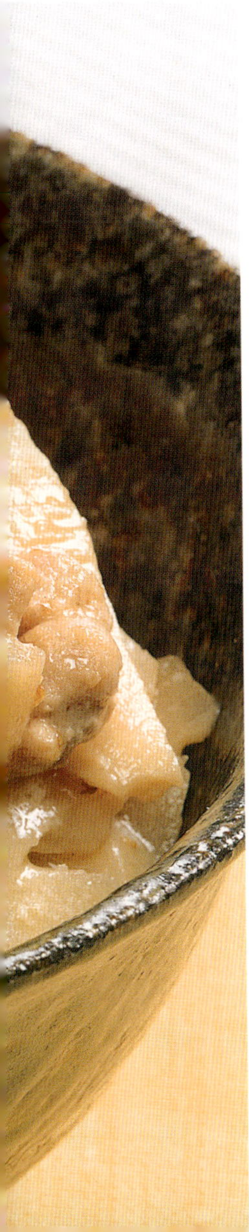

筍のみそ炒め ごままぶし 1人分321kcal

材　料(4人分)

ゆで筍…………………400g
豚もも肉(薄切り)………150g
ごま油………………大さじ2
(a) {
中辛みそ………100g
酒……………大さじ5
砂糖…………大さじ4
}
すりごま(白、金)……大さじ4

つ く り 方

1.ゆで筍は縦に2～4つに切り、斜めに包丁を入れ、4～5mmの薄切りにする。

2.豚もも肉は5cmの長さに切る。

3.厚手の鍋にごま油を温め、筍を炒める。豚肉を加え、(a)を入れて弱火で煮る。

4.汁がほとんどなくなったら、すりごまを加える。

最後に煮立った段階で、残り汁をしみ込ませる感じで、すりごまをたっぷり加える。

プランターでごまを栽培しましょう!

少ない収穫量ではありますが、花が咲き、莢《さや》がついていく様子を楽しめます。水はけのよい土が最大の条件で、肥料はほとんど気にしなくてOKです。

・種まきは6月上旬が最適。熱を通したり、加工されていないごまを使いましょう。

・25cmくらい間をあけて3粒ずつまきます。

・強いものだけを残してプランターひとつで3本にしてください。抜いたものはスプラウトとして活用できます。ごまは成長すると1.5mにもなり、さらに分枝して広がります。

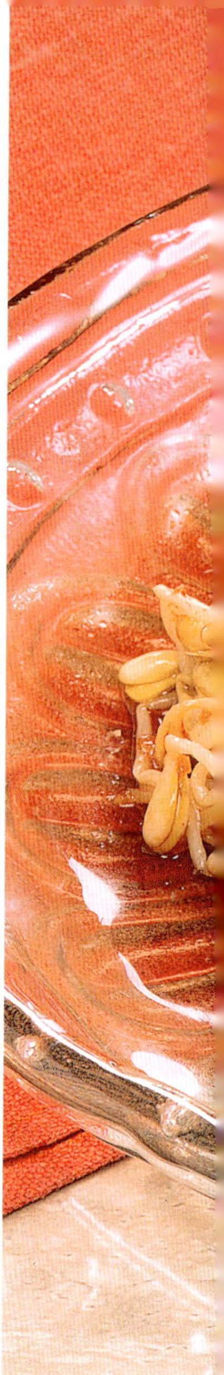

韓国風ナムル3種 1人分98kcal

材　料（4人分）

ぜんまい……………………150g

(a)
- ごま油……………小さじ1
- しょうゆ………大さじ2/3
- 砂糖………………小さじ1
- すりごま(黒)………大さじ1

大豆もやし…………………200g

(b)
- ごま油…………小さじ1/2
- しょうゆ…………大さじ1
- 砂糖…………小さじ1 1/2
- すりごま(白、金)……大さじ1

大根…………………………150g

(c)
- ごま油…………………少々
- 塩………………………少々
- 水………………大さじ2
- すりごま(白、金)……小さじ1

にんにくのみじん切り
ねぎのみじん切り
赤唐辛子のみじん切り
…各少々

つ く り 方

1. 大豆もやしはゆで、ぜんまい、大根は長さ4cmに切る。
2. それぞれごま油で炒め、(a)(b)(c)各調味料で味をつけ、さらににんにく、ねぎ、赤唐辛子のみじん切りを加える。そのまま冷まし、味がしみ込んだらでき上がり。

火が通ってきたところで
調味料を加える。

ごま・ねぎ・にんにくは相性抜群

ねぎやにんにくに含まれるアリシンとごまを組み合わせて調理すると、ビタミンB_1の吸収率がアップ! 糖質の代謝効果が期待できます。

韓国でごまは「薬《ヤン》念《ニョム》」と呼ばれ、
たくさんの料理で活躍する
伝統的な健康食材です。

ごまを上手に使って!
かんたん
レシピ

えびのごま揚げ　1人分211kcal

材　料（4人分）

えび（無頭25g）	8尾
小麦粉	大さじ3～4
卵	1個
いりごま（白、金）	大さじ5
塩	少々
揚げ油	

つくり方

1.えびは背ワタをとり、腹に切り込みを入れ、まっすぐにする。

2.尾びれの水を抜き、塩をふる。

尾びれの先端を切り、包丁でしごいて水を抜いておくと、油はね防止に。

3.えびの身に小麦粉、溶き卵、白ごまを順につけて160度の油で揚げる。焦げやすいので低めの温度を保つ。

歯ざわりがクリスピーな一品で
セサミンをたくさんとりましょう。

ごまが主役のオリジナル生春巻きで
からだの中から美しくなりましょう。
水菜のシャキシャキ感がたまりません。

ごまと水菜、チャーシューの生春巻き 1人分128kcal

材　料(4人分)

水菜……………………………50g
チャーシュー…………………50g
生春巻きの皮…………………4枚
いりごま（白､金）………大さじ1
ビーフン………………………30g
サニーレタス……………2～3枚
(a)
ナンプラー………大さじ1
レモン汁…………大さじ1
水…………………大さじ1
砂糖………………小さじ1
ねぎのみじん切り……少々
いりごま（白､金）……少々

つ く り 方

1.ビーフンをゆでる。

2.チャーシューは千切りにする。

3.生春巻きの皮はさっと水につけてもどす。

4.3にサニーレタスをのせ、4等分にした水菜、チャーシュー、ビーフン、いりごまを入れて巻く。同じ手順で4つつくる。

生春巻きの皮は巻く直前に水につけ、もどしすぎないのがポイント。

5.(a)を合わせてたれをつくる。

6.生春巻きを2つに切って盛り、たれを添える。

鶏のごま衣フリッター 1人分161kcal

材　料（4人分）

鶏ささみ……………………………………3本
揚げ油
(a)
- 卵……………………………………1個
- 小麦粉…………………………大さじ4
- 片栗粉…………………………大さじ1
- 練りごま………………………大さじ1
- ベーキングパウダー………小さじ1/3
- 塩…………………………………少々

つくり方

1.鶏のささみはすじをとり、縦2つに切る。

2.粉をふるい、(a)の材料を合わせる。

衣に使う粉はふるい、ダマにならないようにかき混ぜる。

3.1に(a)をつけて180度に熱した油で揚げる。

白髪が黒くなる!?

ごまに含まれるゴマリグナンは肌や毛髪の細胞をいきいきと蘇らせます。ビタミンEやナイアシンといった栄養素も毛細血管を活性化し、ごまを毎日食べるようになったらシミ、シワ、抜け毛が減り、白髪が黒くなったという人も多くいます。

ごま入り衣が香ばしい、
さっぱりささみフライでお肌しっとり。

中華風ごま入りドレッシングで
お刺身をマリネ。
血液さらさらサラダです。

お刺身サラダのごま和え 1人分204kcal

材　料（4人分）

刺身用白身魚………………1パック
シュウマイの皮……………4〜5枚
サニーレタス………………2〜3枚
揚げ油

(a)
- いりごま（白、金）…大さじ1
- ごま油………… 大さじ1/2
- サラダ油……………大さじ2
- しょうゆ……………小さじ2
- 山椒……………………少々

つ く り 方

1.サニーレタスは食べやすく切る。

2.シュウマイの皮は少量の油でカリッと揚げる。

3.(a)を合わせておく。

4.白身魚を(a)の一部で和える。

マリネのように少し時間をおいて味をしみ込ませる。

5.器にサニーレタスをしき、4の上に2をのせ、(a)をかける。

白身魚とズッキーニのジョン

1人分209kcal

材　料（4人分）

白身魚切り身（30g）	8切れ
ズッキーニ	1本
小麦粉	適宜
卵	1個
いりごま（白、金）	大さじ4
ごま油	大さじ2
レモン	1/2個

つくり方

1.ズッキーニは厚さ8mmに切る。

2.白身魚は塩をふり、30分置いて塩がまわったら水気を切る。

3.1、2に小麦粉をまぶしてはたき、溶き卵にくぐらせ、ごまをつける。油をひいたフライパンでこんがりと焼く。

テフロン加工のフライパンで、ごまが香ばしい色になるまで焼く。

4.3を皿に盛り、レモンを添える。

ホットプレートで焼きながら楽しめる
韓国風ピカタでセサミンを
たっぷりとって髪を美しくしましょう。

あさりの旨味とごまの香りが存分に
活かされた韓国の定番スープ。
ゴマリグナンでしっとり
美肌を保ちましょう。

あさりとわかめの韓国風ごまスープ

1人分52kcal

材　料（4人分）

ねぎのみじん切り………1/3本
あさり（殻つき）…………200g
ごま油…………………大さじ1
塩わかめ……………………10g
鶏がらスープ…………2カップ
発芽ごま………………大さじ1

つくり方

1.あさりは2〜3%の塩水につけ、砂出しをする。

下準備にあさりを塩水につけ、砂を吐かせる。

2.鍋にごま油を温め、ねぎのみじん切りを炒め、さらにわかめ、あさり、鶏がらスープを順に加え、一煮立ちさせる。
3.味をみて、必要なら塩を加える。最後に発芽ごまを入れる。

人気急上昇の発芽ごま

見た目はふつうのごまとほとんど変わりません

低温水流方式で発芽させたごま。ごまは発芽すると、ゴマリグナンの中でも強い抗酸化力をもつセサミノールが出現。老化防止効果を高め、従来のごま以上のパワーを発揮します。また発芽するとき表皮の苦味が消えるため、甘味のあるミルキーな味わいです。香りがよいので仕上げにふりかけるのもおすすめ。

ごま入り だし巻き卵 1人分109kcal

材　料（4人分）	
卵	3個
すりごま（白、金）	大さじ2
だし	大さじ2
(a) みりん	大さじ2
(a) しょうゆ	小さじ1
(a) 砂糖	小さじ2
(a) 塩	小さじ1/5
大根おろし	適宜

つ　く　り　方

1.ボウルに卵を割りほぐし、すりごまとだし、(a)の調味料を加えて混ぜ合わせる。

2.フライパンを熱し、油を多めにひく。1の1/3の量を流して、底から焼けてきたら箸でゆっくりかき混ぜ、手前に寄せる。フライパンのあいた所に油をひき、手前の卵を向こう側に移す。

3.再び油をひき、残りの卵汁の半分を流し入れ、軽く火が通ったところで手前に巻く。2と同じ手順で油をひき、卵を移す。

焼きすぎないよう、半熟程度で返すのがおいしくできるコツ。

4.残りの卵汁も同じように焼き、まな板におく。

5.食べやすい大きさに切って器に盛り、大根おろしを添える。

ごまを加えてコクと栄養をプラス。
お弁当にもおすすめの一品です。

麦めしとともに、さらりと栄養補給。
ごまをふんだんに使った
宮崎の郷土料理。

あじの冷や汁 1人分305kcal

材　料（4人分）

あじ……………………………2尾
だし…………………………4カップ
麦めし……ごはん茶碗4杯分
みそ………………………30～40g
きゅうり……………………1/2本
いりごま（白、金）…大さじ4
発芽ごま……………………小さじ4

つ く り 方

1.あじは3枚におろし、骨や皮をとり、すり鉢でよくする。

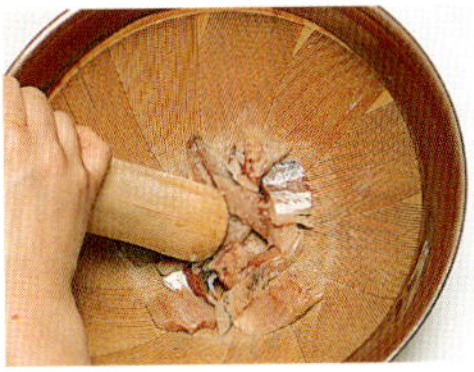

なめらかなすり身状になるまでよくする。フードプロセッサーも可。

2.1にみそといりごまを加え、さらによくすり、だしでのばす。

3.麦めしの上に2をかけ、きゅうりの薄切りと発芽ごまをのせる。

「ひらけ、ごま！」の由来

ごまの莢《さや》は刈り取った後、乾燥の途中に自らの力ではじけます。その様子からこの呪文の言葉が生まれたといわれます。

ごまをまぶした すしロール 1人分429kcal

材　料（4人分）

酢めし…………………茶わん4杯分
のり………………………………2枚
プロセスチーズ………………100g
かにかまぼこ……………………4本
サニーレタス……………………3枚
いりごま（白、金）……大さじ1 1/2
いりごま（黒）………大さじ1 1/2
わさび……………………………適宜
しょうゆ…………………………適宜

つくり方

1.チーズは棒状に切る

2.のりをしいた上に酢めし2杯分を平らにおき、いりごまをふりかけて、その上にラップをしき、裏返す。

なるべくぎっしりとごまをふりかけると美しく仕上がる。緑のごまなどを使っても楽しい。

3.2をそのまま巻き簀の上にのせ、サニーレタスをおく。1とかまぼこを等分にのせ、巻き簀できちっと巻く。

4.同じ手順をくり返す。

5.ラップのままちょうどよい大きさに切る。ラップをはずして器に盛り、わさび・しょうゆを添える。

人気のカリフォルニアロールに
ごまをアレンジ。
パーティーメニューにも最適です。

シンプルな具にごまの風味が
いっそう引き立ちます。
ゴマリグナンでお肌つやつやに。

ごまとのり入りいなりずし 1人分513kcal

材料（5～6人分）		
米		2合
水		2カップ
いなり用油揚げ		20枚
(a)	だし	3カップ
	砂糖	大さじ8
	しょうゆ	大さじ7
	酒	大さじ2
(b)	塩	小さじ1
	砂糖	大さじ3
	酢	大さじ3
	いりごま（白、金）	1/3カップ
	もみのり	一枚分

つくり方

1.油揚げは袋をひらく。

2.ざるにのせ、熱湯をかけて油抜きをする。

熱湯をかけ、油揚げの油分を除き、味をしみ込みやすくする。

3.(a)を合わせ、2を入れてゆっくり煮る。煮えたらそのまま冷まし、ざるに上げて水けを切る。

4.固めに炊いたご飯に(b)を合わせたものを加え、混ぜて、酢めしをつくる。

5.油揚げに4を詰める。

ブルーチーズとごまのスティック春巻き 1人分111kcal

材　料（4人分）

春巻きの皮………………2枚
ブルーチーズ……………40g
いりごま（黒）………大さじ2
片栗粉……………………少々
水…………………………少々
揚げ油

つくり方

1.春巻きの皮は横半分に切る。
2.手前を5mmほど残し、ブルーチーズをぬり、いりごまをふる。

ごまはまんべんなく、
好みの量を入れる。

3.くるくると縦に巻き水溶き片栗粉でとめる。両端も折りたたみ、水溶き片栗粉でとめる。同じ手順で4つつくる
4.油でからりと揚げる。

お酒のおともにもごま

ごまに含まれるセサミンが肝機能を保護することで、アルコールを分解する機能も高まり、悪酔いや二日酔いが防げます。飲む前に食べておくと効果大です。

ユニークな素材の組み合わせで
さくさくした歯ごたえが楽しめます。
おつまみにも最適な一品。

美しい肌と髪をつくる
ごま
メニュー

ごま入り肉団子と白菜の煮物 1人分308kcal

材　料（4人分）

豚ひき肉………………300g
すりごま（白、金）… 大さじ3
ねぎ……………………1/2本
しょうが…………………7g
(a)
- 卵…………………1個
- しょうゆ……大さじ2
- 酒……………大さじ2
- 水……………大さじ1
- 片栗粉………大さじ1

(b)
- スープ……1/2カップ
- しょうゆ……大さじ1
- 砂糖………小さじ1弱

白菜…………………300g
片栗粉…………………適宜
サラダ油………………適宜

つくり方

1.ねぎ、しょうがはみじん切りにする。

2.ひき肉の中に(a)を入れてよく混ぜ、ごま、ねぎ、しょうがも入れてさらによく混ぜる。これを4～6等分し、ハンバーグのような形にする。

ごまを入れてよく混ぜる。量は好みで調節。

3.2に片栗粉を薄くつける。

4.サラダ油を鍋に温め、3を両面こんがり焼き、一度とり出す。

5.白菜は4cm角に切り、鍋に半分の量をしき、その上に4を並べ、さらに残りの白菜をのせる。しっかりと蓋をし、白菜がやわらかくなるまで煮る。（もし焦げそうなときはスープを少し足す。）

ふんわり肉団子とともに
白菜もたっぷりいただけます。
血行の良くなるうれしいメニュー。

さわらとごまは相性抜群。
ビタミンEをたっぷりとって
美肌をつくりましょう。

さわらの利休焼き 1人分212kcal

材　料（4人分）

さわらの切り身…………………4切れ
すりごま（黒）……………大さじ3
(a) しょうゆ……………大さじ1
(a) 酒……………………大さじ1
(a) みりん………………大さじ1

つ く り 方

1.(a)を合わせてよく混ぜる。

2.バットにさわらを並べ、1をかけ、上下を返して1時間ほどおく。

ごまがまんべんなく全体につくように漬け込む。

3.グリルにさわらを並べ、表になる面から焼く。途中で返し、全体が焼けたら、もう一度表に返し、つけ汁をぬってさらに乾く程度に焼き上げる。

利休焼きの由来

備前焼などで焼成のときにふりかかった灰が、ごまをふりかけたように窯変することがあり、この様子を「胡麻」といいます。そこから、ごま＝茶碗＝千利休と連想し、ごまを使った焼き物を“利休焼き”というようになったとか。千利休がごま料理を好んだから、というわけではないようです。利が休むのを嫌って「利久」とも書きます。

さばのかき揚げ ごま風味 1人分283kcal

材　料（4人分）

さば……………………………200g
三つ葉…………………………適宜
大根……………………………150g
しょうゆ………………………適宜
(a) すりごま（白、金）……大さじ2
　　小麦粉…………約1/2カップ
　　塩………………………少々
　　水……………大さじ5〜6杯
揚げ油

つ く り 方

1.さばの身は長さ3cmのひき切りにする。（刺身などはそのままでよい。）

2.三つ葉は長さ3cmに切る。

3.小麦粉をふるって(a)を合わせ、とろりとした濃度の衣をつくる。

4.油を170度（鍋の中央に衣を少量入れ、すぐ上がってきたら適温）に熱する。油をかき混ぜ、中の温度を均一に。

5.小皿に1、2を少しずつ混ぜて入れ、衣を大さじ1杯くらい加えて全体にからませ、油の中にふちから滑らせるように入れる。時々返してカラリと揚げる。

かき揚げは鍋のふちからゆっくり崩れないように入れるのがコツ。

6.大根をおろし、しょうゆとともに添える。

ごまにさばのEPA、DHAが加わって、血液をさらさらにしてくれます。

ごま、にんにく、ねぎに漬け込んで焼くので、
冷めてもおいしくいただけます。
お弁当にも最適なヘルシーレシピ。

鶏肉の三味焼き 1人分246kcal

材　料(4人分)

鶏もも肉		大2枚
(a)	すりごま(白、金)	大さじ1 1/2
	にんにくのみじん切り	1片
	一味唐辛子	少々
	酒	大さじ1 1/2
	しょうゆ	大さじ2
ねぎ		1本
レモン		1個

つ く り 方

1.(a)を合わせた中に鶏肉を半日漬ける。

鶏肉はときどき上下を返して5〜6時間漬け込む。

2.ねぎは長さ3cmに切り、1に1時間つける。

3.1と2をグリルでこんがり焼く。(1は上下返して焼く。)

4.食べやすい大きさのそぎ切りにし、レモンとともに盛りつける。

ごまと豆腐しんじょ入りみそ椀 1人分129kcal

材　料（4人分）

(a)	もめん豆腐	2/3丁
	卵白	大さじ1
	塩	小さじ1/4
いりごま（黒）		大さじ1～2杯
酢		少々
大和芋		40g
しめじ		100g
みそ		70g
だし		3 1/2カップ
花麩または紅葉麩		適宜
木の芽		適宜

つ く り 方

1.豆腐は耳たぶくらいの固さになるようにかるく水を切っておく。

2.大和芋は皮をむき、酢水に漬けてアク抜きしてからおろす。

3.黒ごまは半ずりにする。

4.(a)を合わせてフードプロセッサーにかけ、あとから2、3を加えてもう一度フードプロセッサーにかける。

5.4を一口サイズの団子状にまるめ、熱湯でゆで、ざるに上げる。

手でまるめ熱湯に入れる。浮いてきたらゆで上がり。

6.しめじは食べやすく分け、花麩は薄切りにする。

7.みそをだしでのばし、味をみてととのえる。しめじを入れてひと煮立ちさせ、しんじょと花麩を入れて温める。

8.椀に盛って木の芽を浮かせる。

会席風の一品。ごま入りしんじょが
心をほっとさせるやさしい味です。

歯ごたえの楽しい和えもの。
切りごまにして香りを活かします。

くらげと椎茸の切りごま和え 1人分40kcal

材　料（4人分）

塩くらげ…………………100g
生椎茸（中）…………………2枚
きゅうり……………………1本
塩…………………………少々

(a)
- だし…………1/2カップ
- しょうゆ…………少々
- 酢……………………少々

(b)
- だし…………1/2カップ
- しょうゆ……小さじ1/2
- 砂糖………………少々

いりごま（黒）……大さじ1 1/2

(c)
- (b)の煮汁………… 適量
- レモン汁……小さじ1杯
- しょうゆ………小さじ2
- 砂糖………………少々

つくり方

1.塩くらげは洗って塩を落とし、しばらく水につけて塩出しする。（途中で水をかえるとよい。）塩が抜けたら食べやすい長さに切って(a)に一日漬け込んでおく。

2.生椎茸は薄く切って(b)で5分くらい煮て、そのまま冷ます。

3.きゅうりは小口に薄く切って塩を少々ふり、しんなりしたら固く絞る。

4.いりごまは切りごまにし、(c)に混ぜる。味をみてととのえ、1、2、3を和えて器に盛る。

ごまの歯ごたえと香りを楽しみたいときは切りごまがおすすめ。ペーパータオルの上で切るととびにくい。

美しい肌と髪をつくるごまメニュー

帆立の
ごまみそ焼き 1人分75kcal

材料(4人分)
帆立	4枚
(a) 西京みそ	60g
すりごま(白、金)	大さじ2
酒	大さじ2
塩わかめ	10g
だし / しょうゆ / 砂糖 / 塩 / 小ねぎ	適宜

つくり方
1. 帆立は横に2つ切りにして塩をふっておく。
2. (a)を混ぜておく。
3. わかめは塩出しし、少しのだしに薄味をつけた中に浸して水っぽさをとり、ざるに上げる。
4. 貝殻があればその上に3を広げ、1を2切れのせ、(a)を全体にかけてグリルでさっと焼き色がつく程度に焼く。

帆立は2つ切りにして食べやすく。貝殻の上に盛りつけると豪華。

5. 仕上げに小ねぎの小口切りをふる。

美肌にきくごまみそをたっぷり
のせた帆立のグリル。
アウトドアでもどうぞ。

おもてなしにも使える、
ちょっとおしゃれな煮物です。

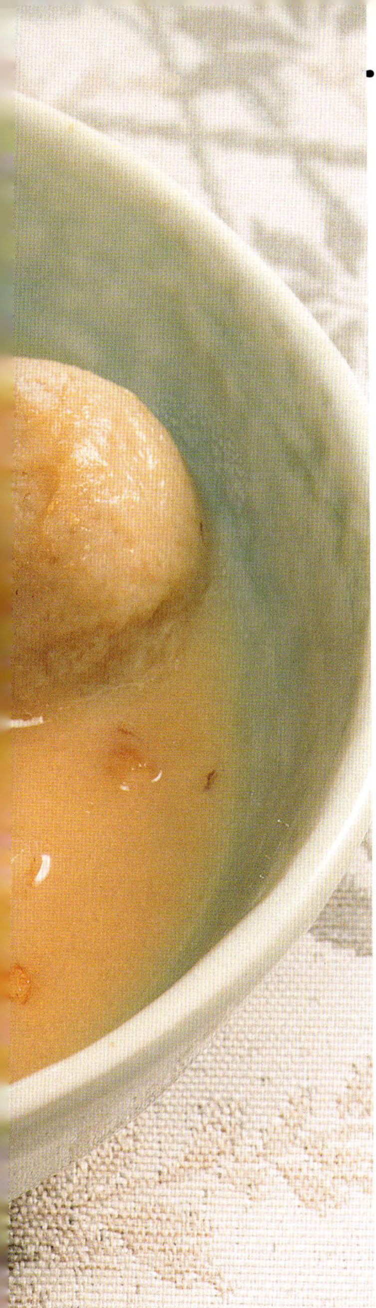

穴子と小芋のごまみそ煮 1人分192kcal

材　料（4人分）

穴子（120g）……………1尾
里芋（石川芋）…………400g
ゆず…………………………適宜
(a)
- だし……2 1/2カップ
- 塩…………小さじ2/3
- しょうゆ……小さじ2
- みりん………大さじ2
- 砂糖………………少々

西京みそ………………100g
いりごま（白、金）……大さじ2

つくり方

1.穴子は白焼きにし、1.5cm幅に切る。

2.里芋は洗って下ゆでして皮をむく。

里芋は下ゆでを12、3分すると、手で皮がするりとむける。

3.鍋に(a)を入れ、里芋を加えゆっくりと煮る。

4.里芋がやわらかくなったら、みそを溶き込み、いりごま、穴子を加え、弱火で味をなじませる。

5.4を盛り、松葉切りにしたゆず皮をのせる。

豚バラ肉と大根の利休煮 1人分256kcal

材　料(4人分)

豚バラ肉(固まり)……200g
ごま油……………………少々
大根……………………200g
しょうが…………………10g
水……………………3カップ
酒……………………大さじ1
しょうゆ………大さじ1 1/2
砂糖…………………小さじ2
すりごま(白、金)……大さじ2

つ　く　り　方

1.豚バラ肉は4～5cm角に切り、しょうがは薄切りにする。

2.フライパンを熱してごま油をひき、1を両面こんがり焼く。

豚バラ肉はいい焼き色がつくまで焼き、肉の旨味をとじこめる。

3.大根は縦2cmのいちょう切りにする。

4.鍋に水と酒を入れ、煮立ったら2、3と、しょうがの薄切りを加えて煮る。やわらかくなったら、しょうゆ、砂糖、すりごまを入れてさらにゆっくり煮上げる。

亜鉛で味覚障害を予防

現代の子どもたちに味覚障害が増えてきているのは、舌粘膜の味蕾《みらい》がなくなってきているからだといいます。ごまや牡蛎に含まれる亜鉛は、この味蕾を育てるのに不可欠な成分です。ごまを食べて味覚を整えましょう。

「利休～」はごまを使った料理のこと。
豚肉は煮る前に焼くことで
カロリーダウンになります。

ごま&チーズでこんがり焼き色。
みそとホワイトソースの
とり合わせが絶妙です。

里芋の和風ごまグラタン 1人分169kcal

材　料(4人分)

里芋	200g
ごま油	小さじ2
塩·こしょう	少々
バター	大さじ1 1/2
小麦粉	大さじ1
牛乳	1カップ
みそ	大さじ2
いりごま(白、金)	大さじ1
溶けるチーズ	大さじ2

つ く り 方

1.里芋は皮をむき、2つに切り、下ゆでする。

2.ゆで上がったらざるに上げ、熱したフライパンにごま油をひいてこんがり焼き、塩·こしょうする。

3.鍋にバターを温め、小麦粉を加え炒める。牛乳でのばし、みそを加えよく混ぜる。

バターが溶けたら粉を加える。粉っぽさが残らないようブクブクと泡立つまできちんと混ぜる。焦がさないように弱火で。

4.グラタン皿に2を広げ、3をのせ、ごまとチーズを上にちらす。

5.200度のオーブンでこんがり焼く。

ヘルシーでおいしい!
手づくり ごまおやつ

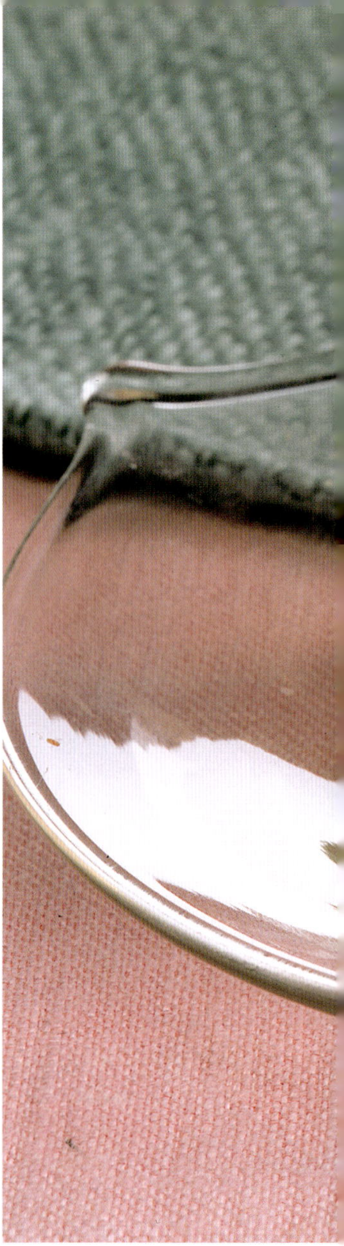

白ごまババロア 1人分308kcal

材　料(4人分)

いりごま(白、金)	80g
グラニュー糖	30g
片栗粉	大さじ1
牛乳	1 1/2カップ
生クリーム	大さじ4
(a) ゼラチン	4g
(a) 水	大さじ1

つ　く　り　方

1.(a)のゼラチンを水でふやかす。

2.いりごまをよくすり潰す。

3.牛乳と生クリームを煮立たせ、水溶き片栗粉を加えとろみを出し、1、2を入れ、よくかき混ぜる。

弱火でゆっくりかき混ぜ、とろみをつける。

4.火をとめ粗熱をとり、鍋ごと氷水につけて冷やし、さらにとろりとさせる。

5.プリン型に流し入れ、冷やし、固める。

6.型をひっくり返して器に盛り、好みでホイップクリームを絞る。

ごまの風味と栄養を封じ込めた
セサミンたっぷりのババロア。
好みでごまの量を調節しましょう。

素朴な味が懐かしい、
かぼちゃあんのおやき。
甘くないので軽食にもおすすめです。

ごまのおやき 1人分249kcal

材　料（4人分）

薄力粉	100g
ベーキングパウダー	小さじ1/4
水	80ccくらい
ごま油	大さじ1
かぼちゃ	200g
いりごま（白、金）	大さじ1
塩、ごま油、いりごま（白、金）	適宜

つ く り 方

1.薄力粉とベーキングパウダーをふるい、水とごま油を入れてよく練り、耳たぶくらいの固さにし、8等分する。（水の量は粉の種類や天気によっても異なるので固さをみて調節する。）

2.かぼちゃはゆでて潰し、いりごまを加え、塩で味をつけて、8等分する。

かぼちゃを皮でくるんだら、ハンバーグ状に平らにととのえる。中身が少々出ても大丈夫。

3.2を1で包み、いりごまを両面にたっぷりつける。

4.ごま油を温め、3を両面こんがり焼く。

ごま＋ビタミンEで冷え性解消

セサミンとビタミンEの相性は非常に良く、組み合わせて食べると血液中のビタミンEの量が増加。抗酸化作用とともに、血行を促進するので若返り作用が期待できます。ビタミンEは野菜ではかぼちゃに多く含まれています。

お米のとろみがやさしい口あたり。
ごまとミルクで
カルシウムたっぷりのおしるこです。

黒ごましるこ 1人分303kcal

材　料（4人分）	
いりごま（黒）	大さじ4
米	大さじ2
牛乳	4カップ
砂糖	大さじ5〜6
白玉粉	少々
水	適宜

つ　く　り　方

1.米は水に一時間つけてざるに上げ水気を切る。

2.いりごまは1といっしょにすり潰す。

なめらかになるようよくすり潰し、米で黒ごまにとろみをつける。

3.2を火にかけ、牛乳、砂糖を加え、とろみが出るまでよく混ぜる。

4.白玉粉は水を少々ふって、手ですり合わせるようにして細かくする。さらに水を加え耳たぶくらいの固さにし、直径2cmくらいにまるめ平たくしてから熱湯でゆで、浮いてきたら氷水にとる。

5.3に4を入れ、熱いうちにすすめる。

ヘルシー中華風ごま団子 1人分275kcal

材　料（24個分）

すりごま（黒）……………150g
砂糖……………………………20g
ごま油……………………大さじ1
ゼラチン…………………………5g
水………………………………大さじ3
白玉粉……………………………160g
小麦粉……………………………50g
グラニュー糖…………………60g
ごま油…………………………50cc
ぬるま湯………………1カップ
いりごま（白、金）…………適宜
揚げ油

つ く り 方

1.ゼラチンは水でふやかして湯せんで溶かす。

2.すりごまとゼラチン、砂糖、ごま油を混ぜ、24等分し、まるめて冷蔵庫で固める。

3.小麦粉をふるい、白玉粉、グラニュー糖、ごま油、ぬるま湯を合わせたものを加えて練る。生地がまとまったら24等分する。

4.3をまるく広げ、2を包む。表面に水を少しつけて、白ごまをまぶす。

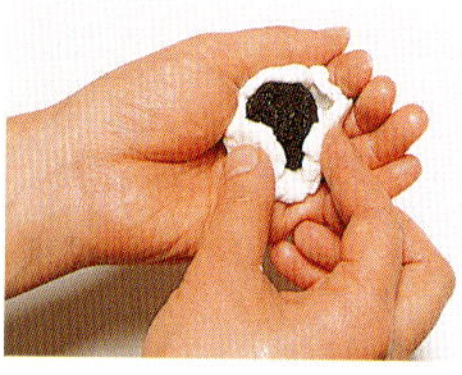

包んでダーツになる部分が分厚くならないよう、皮は均一に薄くのばしまるめる。

5.170度の油で揚げる。

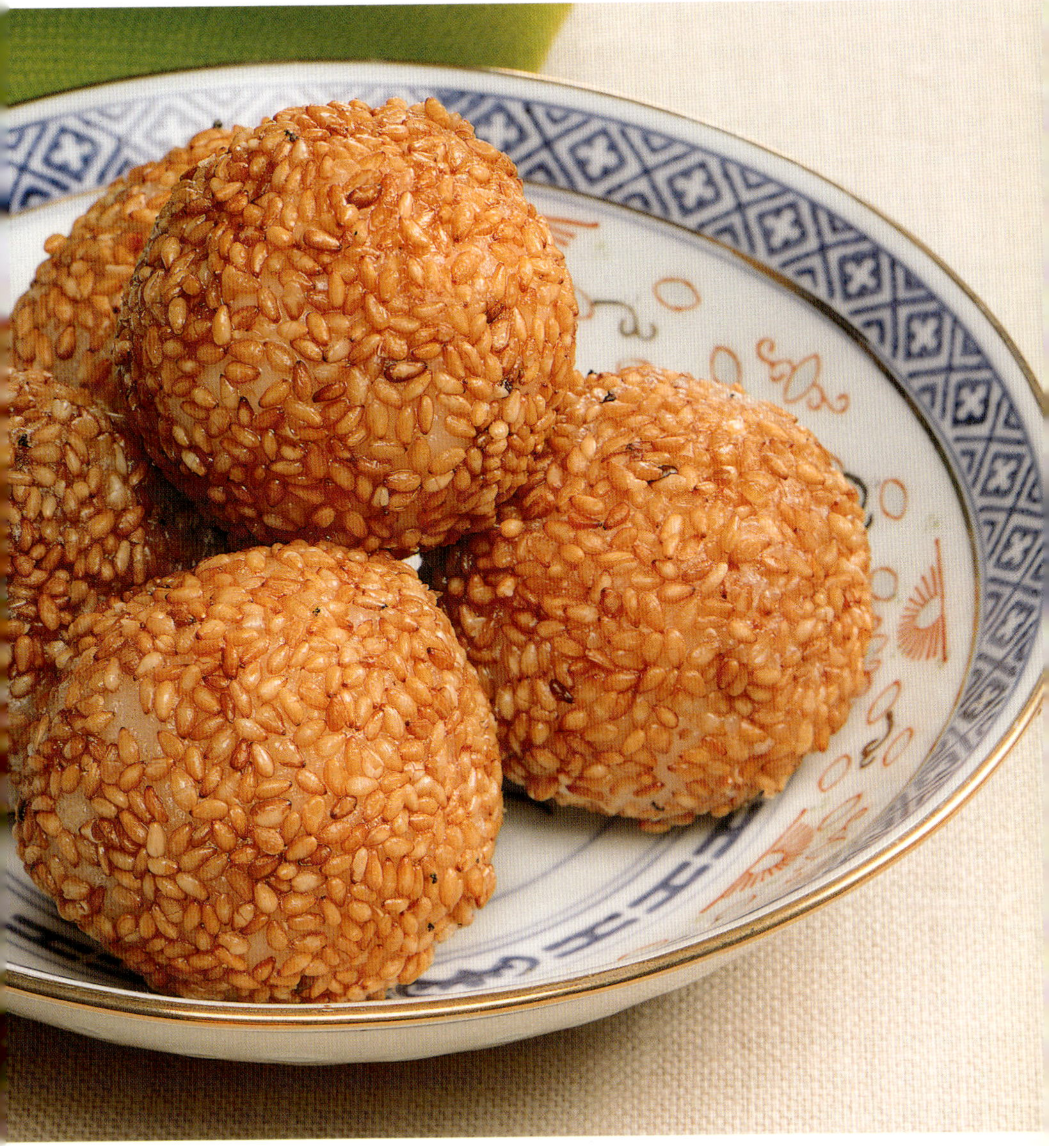

ゴマリグナンがたくさんとれる
中華の定番・ごま団子の オリジナルレシピ。

生地にごまをふんだんに混ぜ込んだ、
からだにやさしい中華菓子。

ごまとくこの実のパウンドケーキ 1人分180kcal

材　料（10人分）

バター	80g
三温糖	80g
練りごま	大さじ2
卵	2個
(a) 薄力粉	100g
(a) ベーキングパウダー	小さじ1/2
いりごま（白、金）	30g
くこの実	20g
老酒	大さじ1/2
いりごま（白、金）	小さじ2

つ く り 方

1.(a)は合わせてふるう。

2.バターは室温にもどす。

3.くこの実は老酒をふりかけておく。

4.ボウルにバターと三温糖を入れ、よく混ぜる。

5.卵を溶きほぐし、4に少しずつ入れ、練りごまも加える。

6.5に粉とくこの実といりごま30gを入れ、全体を混ぜる。

粉が残らないように
さっくりとよく混ぜる。

7.型に入れ、上にいりごま小さじ2を散らす。

8.170度のオーブンで30分焼く。竹串を刺してなにもつかなければ焼き上がり。

パイシートを使った
かんたんおやつ。
ごまと粉チーズで
香ばしさもアップ。

ごまスティックパイ 1人分310kcal

材　料（4人分）

パイシート（10×20cm ）……1枚
いりごま（白、金）…………大さじ1
いりごま（黒）………………大さじ1
粉チーズ（パルメザン）……大さじ2
溶き卵…………………………少々

つ く り 方

1.パイシートは2枚に切り、1枚ずつ約1.5倍にのばす。

2.1に溶き卵をぬり、1枚には白ごまと粉チーズの半量を、もう1枚には黒ごまと粉チーズの半量をのせ、かるくおさえる。

ごまをたっぷりのせた後、落ちないようスプーンでかるくおさえる。

3.2をスティック状に切る

4.220度のオーブンで15分焼く。

編集協力

本書の制作にあたり、明治16年（1883）創業のごま問屋、株式会社　和田萬商店より、ごまに関する資料提供や貴重なアドバイスをいただきました。
和田萬商店では、国内産ごま、輸入ごまを扱い、近年では栄養価が高く、香りもよいと評判の「発芽ごま」や、最高級の金ごまのみを使用したごま油、ごまの花から集めたはちみつなどを開発・販売しています。

胡麻司 和田萬
本社／大阪府大阪市北区菅原町9-5
http://www.wadaman.com

【著者紹介】

江上　佳奈美（えがみ　かなみ）

学習院大学仏文科、パリ・コルドンブルー料理学校卒業。フランス鑑評騎士の会会員。江上料理学院長・江上栄子の長女であり、江上料理学院副院長、料理研究家、フードアドバイザーとして、祖母・江上トミ、母・栄子から受け継いだ伝統をふまえながらも現代的な料理を発表している。食品メーカーや外食、流通のアドバイザーや商品開発・企画を数多く担当。各社の料理コンテストの審査員なども務める。テレビなどでも活躍中。著書は「わが家で楽しむ世界のチーズ」（共著・素朴社）「大人の味のパウンドケーキ」（世界文化社）、「おいしい!かんたん!超初心者レシピ」（主婦と生活社）、「江上佳奈美のはじめての料理」（日本文芸社）など多数

編集協力	株式会社 和田萬商店
装丁・デザイン	株式会社 メイ・アソシエイツ
撮影	石塚　英夫

肌と髪をリセットするデイリーレシピ

ごまでからだ美人

2005年5月25日　第1刷発行

著　者　江上　佳奈美

発行者　三浦　信夫

発行所　株式会社　素朴社
〒150-0002　東京都渋谷区渋谷1-20-24
電話:03（3407）9688　　FAX:03（3409）1286
振替　00150-2-52889

印刷・製本　モリモト印刷株式会社

ISBN 4-915513-88-2 C2377　価格はカバーに表示してあります。

素朴社の本

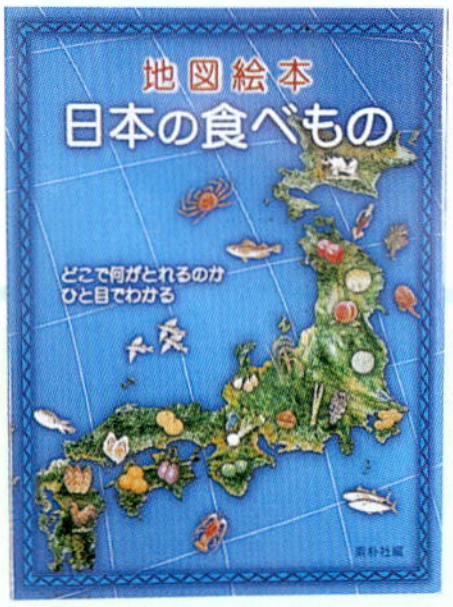

地図絵本
日本の食べもの

素朴社編
絵／吉岡　顕

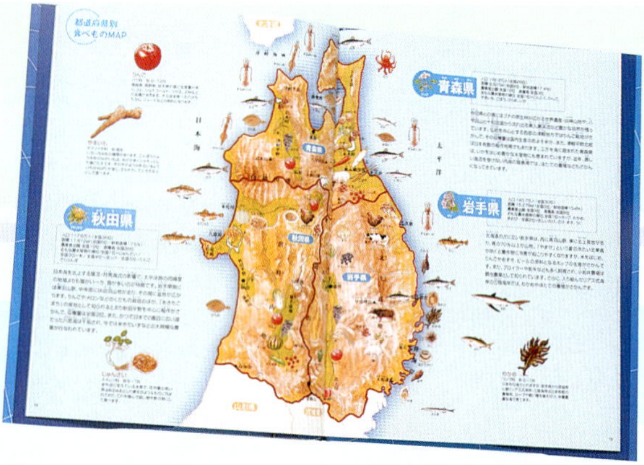

親子で楽しく学べ、
調べ学習にも最適!!
食育に役立つ一冊として
大好評です。

北海道から沖縄まで、すべての都道府県の
おもな農産物や水産物を地図上に
カラーイラストで表示。
どこで何がとれるか、ひと目でわかります。

A4判変型、48ページ、オールカラー
定価:2,100円（税込）

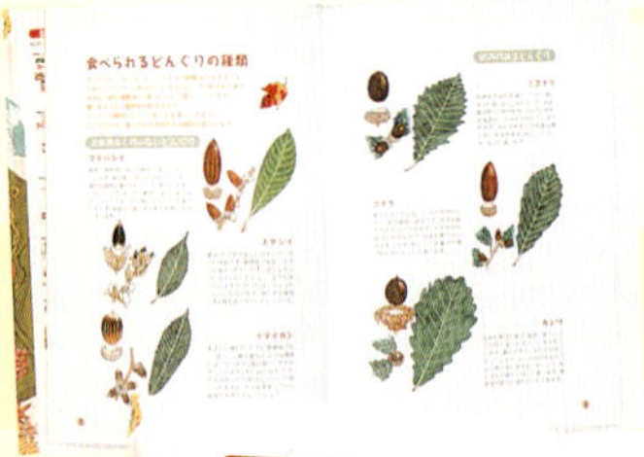

レシピ絵本
どんぐりの食べ方
―森の恵みのごちそう―

井上貴文／著
むかいながまさ／絵

広葉樹の木の実「どんぐり」の食べ方を
楽しいイラストで紹介したレシピ絵本。
料理への応用やどんぐりクッキー、
クレープなどの作り方を
わかりやすく解説しています。

B5判変型、32ページ、オールカラー
定価:1,365円（税込）